Hackfleisch

fein gemacht für jeden Tag

> Autorin: Dagmar v. Cramm | Fotos: Michael Boyny

Inhalt

Die Theorie

4 Der Umgang mit Hackfleisch

➤ **5 Hackfleisch selber machen**

➤ **6 Grundrezept Hackfleisch**

7 Resteverwertung

Die Rezepte

8 Snacks & Kleinigkeiten – als Aperitif und wenn der kleine Hunger kommt

18 Saucen, Ragouts & Eintöpfe – nicht nur Klassiker sondern auch Neuentdeckungen

30 Buletten, Klöpse, Braten – mal rund, mal flach, mal groß, mal klein

44 Aufläufe und pikantes Gebäck – bei diesen Rezepten hilft der Backofen fleißig mit

Extra

62 Impressum
63 Register
➤ **64 Die 10 GU-Erfolgstipps mit der Gelinggarantie für Hackfleisch**

➤ **GU Serviceseiten**

Viel zu schade für Fast Food

Kulinarisch ist Hackfleisch ein Kellerkind. Es wird verschämt als Fast Food fix verdrückt und trotzdem heimlich heiß geliebt. Eigentlich schade. Denn gerade beim Gehackten kann sich Küchen-Kreativität austoben. Es ist anpassungsfähig bis zur Selbstverleugnung. Es erlaubt würzigen Fleischgeschmack auch in Mini-Mengen, weckt Kindheitserinnerungen und geht interessante Multikulti-Verbindungen ein mit Taco, Chili oder Curry. Und das im Handumdrehen. Stehen wir zu unserer heimlichen Liebe und frischen sie auf!

Der Umgang mit Hackfleisch

Fleisch zu hacken hat mehrere Vorteile:

- So lassen sich kleine Teilstücke vom Fleisch verwerten.
- Das Fleisch wird mürbe.
- Fettes Fleisch lässt sich mit magerem mischen.
- Das Fleisch lässt sich durch kohlenhydratreiche Zutaten verlängern, würzen und formen.

Nur einen Nachteil hat Hackfleisch: Durch seine vergrößerte Oberfläche bietet es Keimen eine enorme Angriffsfläche und ist deshalb nur sehr kurz haltbar. Das entsprechende Lebensmittelgesetz, kurz »Hackfleischverordnung« genannt, ist daher sehr streng.

1 *Gemischtes Hackfleisch heißt auch halb und halb*

Verkauf von Hackfleisch

Hackfleisch vom Rind oder Schwein darf nur am Herstellungstag verkauft werden. Auf Bestellung bereitet der Metzger auch Lamm- und Kalbshackfleisch zu. Geflügel oder Wild dürfen gehackt nicht verkauft werden.

Hackfleisch aufbewahren

Frisch gekauftes Hackfleisch sofort im Kühlschrank bei 4° lagern, am besten in einer sauberen Box mit Deckel.

Haltbarkeit

Hackfleisch immer innerhalb von 24 Stunden verarbeiten. Durchgebraten hält es sich 2–3 Tage im Kühlschrank.

Hackfleisch einfrieren

Rohes Hackfleisch lässt sich gut einfrieren. Fleisch in kleinen Portionen in Gefriertüten füllen, flach drücken und ins Tiefkühlfach geben. Fettes Fleisch hält sich tiefgefroren 2–3 Monate, mageres Hack bleibt 4–6 Monate frisch.

Hackfleischsorten

Gemischtes Hackfleisch besteht zu gleichen Teilen aus kräftigem Rind- und saftigem Schweinefleisch, der maximale Fettgehalt beträgt 30 %.

2 *Tatar kann roh verzehrt werden.*

Rinderhack darf nicht mehr als 20 % Fett, Schweinehack bis zu 35 % enthalten.
Tatar ist aus zartem Rindfleisch mit weniger als 6 % Fett.
Mett (»Hackepeter«) ist gewürztes Schweinehack, das roh als Brotaufstrich und in der Küche für Füllungen verwendet wird.
Brät ist die gewürzte Masse (aus Rind und/oder Schwein) für Brüh- und Bratwürste, ideal als Grundmasse für Klößchen und Füllungen.

Hackfleisch selber machen

Wer Hackfleisch ganz frisch verarbeiten will, kann es selber hacken. Das hat auch den Vorteil, dass Sie dann genau wissen, was drin ist. Fleischsorten wie Lamm, Wild oder Geflügel sind meistens nicht als Hackfleisch erhältlich, deshalb müssen Sie in diesen Fällen selber die ganzen Fleischstücke zu Hack verarbeiten. Als ersten Schritt das Fleisch in Würfel schneiden und dann weiter zerkleinern. Je nach dem wie oft Sie selber Hackfleisch herstellen, lohnt es sich einen Fleischwolf, Küchenmaschine oder Blitzhacker anzuschaffen.

Bei allen rechts gezeigten Zubereitungsarten gilt: nur frisches Fleisch verwenden und sofort nach dem Zerkleinern weiterverarbeiten. Benötigte Geräte und Arbeitsflächen müssen Sie danach gründlich reinigen.

Hand-Fleischwolf

Der klassische Fleischwolf hat noch nicht ausgedient. Er ist ideal für den kleinen Haushalt, denn er bewältigt vor allem kleine Mengen im Handumdrehen. Je nach Lochscheibe wird das Hackfleisch gröber oder feiner.

1

Küchenmaschine

Mit dem elektrischen Fleischwolf lässt sich Fleisch auch in größeren Mengen zerkleinern. Je nach Lochscheibe ergibt es feines oder gröberes Hack. Ist das Fleisch etwas sehnig, besser zweimal durchdrehen.

2

Von Hand hacken

Kleine Portionen von sehr zartem, mürbem und magerem Fleisch (Kalb, Geflügel, Schwein) lassen sich mit einem großen scharfen Messer hacken. Dabei behält das Hack eine leicht stückige Struktur.

3

Blitzhacker

Damit wird das Fleisch feincremig, fast wie Brät. In kleinen Portionen arbeiten und eventuell schon etwas Flüssigkeit zugeben. Nicht zu lange pürieren, sonst wird die Masse warm. Sehnigem Fleisch ist er nicht gewachsen.

4

Grundrezept

Hackfleisch wird krümelig gebraten eingesetzt – oder aber zu einem Fleischteig verarbeitet, geformt und gegart. Wenn man Hackfleisch pur als Kloß gart, zieht es sich zu einer harten, zähen Masse zusammen. Um das zu vermeiden, wird unter das Hackfleisch Ei und eingeweichtes Brot oder andere kohlenhydratreiche Zutaten gemischt. Nebeneffekt: Die Fleischmenge wird preiswert und gesund gestreckt und schmeckt interessanter.

Hackfleischteig

FÜR 500 G FLEISCHTEIG:

- **1 altbackenes Milchbrötchen**
- **1/4 l lauwarmes Wasser**
- **1 Zwiebel**
- **400 g gem. Hackfleisch**
- **1 TL Salz, Pfeffer**
- **1 TL Gewürzpulver nach Geschmack (Paprika-, Currypulver, Muskatnuss)**
- **2 EL gehackte Kräuter nach Geschmack**
- **1 Ei**

TIPPS

Hackfleischteig

➤ Richtig durchgeknetet ist der Fleischteig, wenn Brot, Eier, Fleisch und Gewürze gleichmäßig verteilt sind.

➤ Ei ist beim Hackfleischteig für die Lockerung unentbehrlich.

➤ Das Brot können Sie auch durch gegarten Reis, roh geriebene Kartoffeln, Couscous, Haferflocken oder Semmelbrösel ersetzen.

1 *Brötchen in Wasser einweichen, Zwiebel hacken. Restliche Zutaten bereitstellen.*

2 *Ausgedrücktes Brötchen, Fleisch, Zwiebel und Gewürze in eine Schüssel geben. Ei in die Mitte geben.*

3 *Alles mit den Händen oder den Knethaken der Küchenmaschine zu einem geschmeidigen Teig verkneten.*

4 *Fertigen Fleischteig 5–10 Min. quellen lassen. Abschmecken (s. GU-Erfolgstipp 5) und weiterverarbeiten.*

Resteverwertung

Reste im Hackteig verarbeiten

Hackfleisch ist an sich bereits eine Form der Resteverwertung: Beim Zerlegen anfallendes Restfleisch kann sinnvoll weiterverarbeitet werden. Aber auch Reste von gegartem Fleisch oder Geflügel lassen sich hacken. Ein Fleischteig, der nur aus gegartem Fleisch besteht, braucht viel Ei zur Bindung, ist etwas weich und hat nicht so viel Aroma – am besten mischt man ihn mit rohem Hackfleisch, und zwar mindestens zur Hälfte.

Auch Reste von gegarten Zutaten wie Kartoffeln, Reis, Nudeln, Gemüse können wunderbar eingearbeitet werden – allerdings sollten sie nicht mehr als ein Drittel der Gesamtmenge ausmachen, sonst wird der Teig krümelig. Ausnahme: Bei gefüllten Gemüsen kann der Nicht-Hackfleischanteil überwiegen.

1 *In gefüllten Gemüsen lässt sich übrig gebliebenes Fleisch in Kombination mit z. B. Reis prima verarbeiten.*

Rohe Kartoffeln und Gemüse in kleinen Mengen lassen sich geraspelt unter den Hackteig mischen. Getreideflocken, Semmelbrösel, auch Couscous quellen stark nach – deshalb eventuell Flüssigkeit zugeben.

Hackfleisch als Hülle

Hackfleisch kann auch größere Bratenreste ergänzen: Im Hackbraten findet als Kern Putenbrust Platz oder ein anderer mürber Braten. Terrinen sind ebenfalls ideal, stückige Fleischreste aufzunehmen. Peppen Sie sie mit Pilzen oder Backpflaumen auf.

Eintöpfe, Suppen und Ragouts verlängern

Legen Sie rohe Hackklößchen in Reste von Suppen, Ragouts oder Eintöpfen ein und geben Sie noch Flüssigkeit – Wasser, Brühe, Tomatensaft oder Wein – dazu. Denn die Klößchen geben Aroma an die Garflüssigkeit ab. Wer mag, rundet alles mit einem Schuss Sahne zusätzlich ab.

Aufläufe

Reste lassen sich in Aufläufen harmonisch vereinen. Klößchen aus Brät oder Hack machen sie reichhaltiger. Der Guss für einen Auflauf dieser Art (4 Personen) kann aus 2 Eiern, ca. 200 ml Brühe und 100 g Sahne bestehen. Die Backzeit im vorgeheizten Backofen bei 200° (Umluft 180°) beträgt gute 30 Min.

Darf man Hackfleisch aufwärmen?

Übrig gebliebene Frikadellen schmecken kalt ebenso gut wie warm. Aber sie dürfen auch aufgebacken werden – vorausgesetzt, sie lagern in der Zwischenzeit im Kühlschrank. Wichtig: immer ganz durchgaren bzw. erhitzen, auch beim Aufwärmen.

Snacks und Kleinigkeiten

Zum Aperitif, wenn der kleine Hunger kommt, als Couch-Food zum Fernsehen oder als Mini-Vorspeise: Pikante Snacks und Kleinigkeiten schmecken zu jeder Gelegenheit und machen Spaß. In welcher Form auch immer – test the best!

9 Gartenhappen
9 Tartar-Pilze
10 Pilz-Crostini
10 Auberginen-Crostini
12 Zucchinifrittata
12 Tomaten mit Lamm
15 Fleischbällchen
15 Kräuter-Dipp
15 Ketchup
16 Couscous-Salat
16 Tacos mit grünen Bohnen

Blitzrezepte

Gartenhappen

FÜR 6 PERSONEN

➤ 12 Scheiben Baguette | 2 kleine, säuerliche Äpfel | 1 EL gehackte Petersilie 75 g Gouda, frisch gerieben | 150 g Mett | 2 EL Sonnenblumenkerne

1 | Brot leicht toasten. Backofen auf 180° vorheizen. Äpfel waschen, halbieren und Kerngehäuse ausschneiden. Von jeder Hälfte 3 dünne Scheiben schneiden, Rest raspeln.

2 | Apfelraspel, Petersilie, Gouda und Mett mischen, auf die Brote streichen. Darauf je 1 Apfelscheibe legen, mit Sonnenblumenkernen bestreuen. Im Backofen (Mitte, Umluft 160°)12–15 Min. überbacken.

Tartar-Pilze

FÜR 6 PERSONEN

➤ 3 EL Buchweizen | 1 kleines Bund Rucola | 12 Riesenchampignons 75 g Tatar | 1 EL Olivenöl 2 EL Aivar (Glas) | Salz | Pfeffer

1 | Backofen auf 200° vorheizen. Buchweizen in einer trockenen Pfanne rösten, bis er duftet. Rucola waschen, in feine Streifen schneiden. Pilze von den Stielen befreien.

2 | Tatar mit Buchweizen, Rucola, 1 TL Öl, Aivar, Salz und Pfeffer verkneten. Pilze damit füllen, in eine feuerfeste Form setzen, mit Öl bepinseln und im Backofen (oben, Umluft 180°) 12 Min. überbacken.

gelingt leicht | für Gäste

Pilz-Crostini

FÜR 4 PERSONEN

- 1 EL Korinthen
- 2 EL Weinbrand (ersatzweise Apfelsaft)
- 100 g gem. Hackfleisch
- 3 Sardellenfilets
- 1 EL Crème fraîche
- Muskatblüte
- 4 Champignons
- 4 Scheiben Mischbrot
- 12 Salbeiblätter
- 1 EL Olivenöl
- Salz | Pfeffer
- Backpapier für das Blech

Zubereitung: 30 Min.
➤ Pro Portion etwa: 275 kcal

1 | Korinthen waschen, mit Weinbrand beträufeln. Hackfleisch mit Sardellen und Crème fraîche pürieren. Kräftig würzen. Korinthen ohne Marinade hinzufügen. Backofen auf 180° vorheizen. Das Backblech mit Backpapier auslegen.

2 | Champignons putzen und ohne die Stielenden blättrig schneiden. Brot mit dem Fleisch bestreichen und halbieren. Jede Hälfte mit Pilzscheiben belegen. Salbei waschen und trockentupfen. Das Olivenöl mit der Korinthenmarinade mischen. Die Salbeiblätter auf die Pilze legen, alles mit der Marinade beträufeln.

3 | Die Crostini im Backofen bei 180° (Mitte, Umluft 160°) etwa 10 Min. überbacken.

für Gourmets | herzhaft

Auberginen-Crostini

FÜR 6 PERSONEN

- 12 Scheiben Roggen-Baguette (ersatzweise 6 Scheiben Vollkorntoast)
- Basilikum in Öl (Fertigprodukt)
- 100 g schmale Aubergine
- 1 Schalotte
- 1 Knoblauchzehe
- 50 ml Olivenöl
- 80 g Rinderhackfleisch
- 1 EL Kapern
- 1 EL Aceto balsamico
- 40 g Sbrinz, frisch gerieben
- Salz | Pfeffer

Zubereitung: 20 Min.
➤ Pro Portion etwa: 185 kcal

1 | Brot toasten und dünn mit Basilikum in Öl bestreichen. Die Aubergine waschen und in Würfelchen schneiden. Die Schalotte und den Knoblauch schälen und fein würfeln. 2 EL Öl erhitzen. Schalotte, Knoblauch, Aubergine und das Hackfleisch darin unter ständigem Rühren kräftig braten. Mit Pfeffer und Salz würzen. Ist die Masse schön braun, vom Herd nehmen.

2 | Die Mischung mit dem restlichen Öl, Kapern und Balsamico pürieren, untermischen und die Masse auf die Brote streichen. Die Brote mit den Sbrinzlocken bestreuen.

➤ Getränk: trockener Rotwein

im Bild vorne: Pilz-Crostini *im Bild hinten:* Auberginen-Crostini ➤

schmeckt auch kalt

Zucchinifrittata

FÜR 4 PERSONEN

- 1 kg Zucchini
- 2 Bund Schnittlauch
- 2 Knoblauchzehen
- 400 g Mett
- 4 Eier
- 100 g Hüttenkäse
- Salz | Pfeffer
- Fett zum Braten

Zubereitung: 25 Min.

➤ Pro Portion etwa: 480 kcal

1 | Zucchini waschen, putzen und in Julienne-Streifen schneiden. Schnittlauch waschen und in Röllchen schneiden. Knoblauch schälen und fein würfeln.

2 | Mett mit den Eiern verrühren, nach und nach Zucchinistreifen, Käse, Schnittlauch und Knoblauch unterziehen. Mit Salz und Pfeffer kräftig würzen.

3 | In einer großen Pfanne 2 TL Fett zerlassen. Die Masse hineingleiten lassen. Einen flachen Deckel auflegen und die Frittata bei schwacher Hitze etwa 5 Min. backen, bis die Unterseite braun und die Oberseite gestockt ist. Den Fladen auf den Deckel gleiten lassen. Etwas Fett in die Pfanne geben, den Fladen in die Pfanne stürzen und von der anderen Seite goldbraun backen. In Italien wird die fertige Frittata in Streifen geschnitten und serviert.

➤ Getränk: Italienischer Rotwein

für Gäste | orientalisch

Tomaten mit Lamm

FÜR 4 PERSONEN

- 16 mittelgroße Strauchtomaten
- 3 EL Rohrzucker
- 250 g mageres Lammfleisch
- 150 ml Erdnussöl
- 4 Frühlingszwiebeln
- 1 dickes Bund Minze
- 1 Limette
- 3 EL Olivenöl
- Salz | Pfeffer

Zubereitung: 40 Min.

➤ Pro Portion etwa: 250 kcal

1 | Tomaten waschen, die Kappen abschneiden und Tomaten aushöhlen (das Innere wegwerfen). Innen salzen, pfeffern und mit 2 EL Rohrzucker bestreuen. Tomaten kopfüber auf Küchenpapier abtropfen lassen.

2 | Fleisch fein zerkleinern (Seite 5). Öl in einem hohen Topf erhitzen. Fleisch darin goldbraun fritieren. Mit einem Schaumlöffel aus dem Fett heben, auf Küchenpapier legen und abkühlen lassen.

3 | Zwiebeln und Minze waschen. Zwiebeln putzen und in feine Ringe schneiden. Minzeblättchen abzupfen, die schönsten beiseite legen. Die übrigen in Streifen schneiden, mit Fleisch und Zwiebeln mischen.

4 | Limette auspressen, Saft mit Olivenöl, etwas Zucker, Salz und Pfeffer verrühren, unter das Fleisch ziehen und abschmecken. In die Tomaten füllen. Mit Minze anrichten.

➤ Beilage: Toast

➤ Getränk: Trockener Weißwein

im Bild vorne: **Tomaten mit Lamm** *im Bild hinten:* **Zucchinifrittata** ➤

Klassiker auf neue Art

Fleischbällchen

FÜR 4 PERSONEN

- 100 g Couscous
  75 ml Tomatensaft
  1 mittelgroße Zwiebel
  500 g gem. Hackfleisch
  2 Eier
  1 Zweig Oregano
  Salz | Pfeffer
  Semmelbrösel bei Bedarf
  Backpapier für das Blech

Zubereitung: 25 Min.

- Pro Portion etwa: 455 kcal

1 | Couscous mit Tomatensaft mischen und einige Minuten quellen lassen. Zwiebel schälen und fein hacken. Hackfleisch mit Eiern, Couscous und Zwiebel vermengen. Salzen und pfeffern. Oreganoblättchen abstreifen und hinzufügen. Den Teig eventuell mit Semmelbröseln binden.

2 | Backofen auf 220° vorheizen. Das Backblech mit Backpapier auslegen. Fleischmasse gut durchkneten. Mit feuchten Händen walnussgrosse Bällchen formen und auf das Blech setzen. Im Backofen (Mitte, Umluft 200°) 10 Min. backen, dabei einmal wenden. Nach Belieben heiß oder kalt servieren.

- Beilagen: Kartoffeln, Kartoffelpüree oder Brot
- Getränk: Bier

scharf

Kräuter-Dipp

FÜR 4 PERSONEN

- je 1/2 Bund Rucola, Petersilie und Kerbel
  1 Bund Schnittlauch
  100 g Gorgonzola
  1 Knoblauchzehe
  1 EL frisch geriebener Meerrettich
  300 g saure Sahne
  Salz | weißer Pfeffer

Zubereitung: 15 Min.

- Pro Portion etwa: 185 kcal

1 | Kräuter waschen und fein hacken. Gorgonzola klein würfeln. Knoblauch schälen, zum Käse drücken und Meerrettich dazugeben.

2 | Saure Sahne und Kräuter hineinrühren, mit Salz und Pfeffer abschmecken. Gekühlt servieren.

gut vorzubereiten

Ketchup

FÜR 4 PERSONEN

- 1 rote Zwiebel
  1 rote Paprikaschote
  1 EL Olivenöl
  500 g reife Tomaten
  50 ml Rotweinessig
  2 EL Zucker
  1/2 TL Salz | Pfeffer

Zubereitung: 30 Min.

- Pro Portion etwa: 75 kcal

1 | Zwiebel schälen und klein hacken. Paprika waschen, putzen und hacken. Öl erhitzen, beides darin dünsten.

2 | Tomaten überbrühen, häuten, entkernen, hacken und mitbraten. Restliche Zutaten dazugeben, dick einkochen lassen, pürieren.

- Variante:

  Linsen-Curry-Dip

  200 ml Gemüsebrühe mit 70 g roten Linsen, 1 TL Ingwerpulver, 2 TL Currypulver, 4 EL Orangensaft und 2 EL Rohrzucker 15 Min. köcheln lassen. Fein pürieren und 2 EL Tahin (ersatzweise Sesamöl) unterrühren.

im Bild rechts: Fleischbällchen *vorne:* Kräuter-Dipp *Mitte:* Ketchup *hinten:* Linsen-Curry-Dipp (Variante)

schnell | für Gäste

Couscous-Salat

FÜR 4 PERSONEN

- 2 unbehandelte Zitronen
  100 ml heiße Gemüsebrühe
  150 g Couscous
  2 Paprikaschoten
  1 Bund Frühlingszwiebeln
  2 Bund krause Petersilie
  4 EL Öl
  150 g gem. Hackfleisch
  2 TL Harissa (Gewürz aus Nordafrika; Bioladen)
  100 g geröstete Cashewkerne
  Salz | Pfeffer

Zubereitung: 20 Min.

- Pro Portion etwa: 475 kcal

1 | Zitronen heiß waschen und trockenreiben. Die Schale von 1 Zitrone abreiben, von beiden den Saft auspressen. Beides mit der heißen Brühe unter den Couscous geben, diesen quellen lassen.

2 | Gemüse waschen und putzen. Paprika klein würfeln, Frühlingszwiebeln in Röllchen schneiden. Petersilie waschen und fein hacken.

3 | 2 EL Öl in einer großen Pfanne erhitzen, Hack darin unter Rühren krümelig braten. Mit Salz, Pfeffer und Harissa würzen.

4 | Couscous mit Fleisch, Gemüse und dem restlichem Öl vermengen, abschmecken. Eventuell noch etwas Zitronensaft dazugeben. Cashewkerne unterziehen.

- Getränk: Trockener Weißwein

für Gäste

Tacos mit grünen Bohnen

FÜR 6 TACO-SHELLS

- 350 g Prinzessbohnen
  1 Bund Koriandergrün
  1 Limette
  1 grüne Chilischote
  3 EL Butter
  300 g Rinderhackfleisch
  2 TL Orangenmarmelade
  6 Taco-Shells (Fertigprodukt)
  Salz | schwarzer Pfeffer

Zubereitung: 30 Min.

- Pro Portion etwa: 220 kcal

1 | Salzwasser zum Kochen bringen. Bohnen waschen, putzen, in 4 cm lange Stücke teilen und im kochenden Wasser bissfest garen. Auf einem Sieb abtropfen lassen.

2 | Koriander waschen, die Blättchen fein hacken. Limette waschen, die Schale abreiben, den Saft auspressen. Chilischote waschen, putzen und in feine Ringe schneiden.

3 | Butter erhitzen, Hack darin krümelig braten, Chili, Salz, Pfeffer, Orangenmarmelade, Limettensaft und -schale dazugeben. Bohnen darin nochmal heiß werden lassen, Koriander unterheben.

4 | Taco-Shells nach Packungsanweisung im Backofen aufbacken und mit der Hackfleisch-Bohnen-Mischung füllen.

- Getränk: Mexikanisches Bier

im Bild vorne: Couscous-Salat *im Bild hinten:* Tacos mit grünen Bohnen

Saucen, Ragouts & Eintöpfe

Hier präsentieren wir die internationalen Klassiker der Hackfleischküche. Doch damit nicht genug: Curry, Ingwer und Wok geben dem schlichten Fleisch ganz neue exotische Akzente. Aber auch Hausmannskost kommt mit Kartoffelgulasch oder Kohlrabigemüse nicht zu kurz.

19 Asia-Nudelsuppe
19 Tomatenreis
20 Sauce alla bolognese
20 Grüner Lammsugo
23 Königsberger Klopse
24 Möhrencurry
24 Kürbiscreme mit Klößchen
27 Chili con carne
27 Kohlrabigemüse
28 Gebratene Nudeln
28 Kartoffelgulasch

Blitzrezepte

Asia-Nudelsuppe

FÜR 4 PERSONEN

➤ **4 Möhren (etwa 400 g) | 3 Päckchen Asia Suppen Nudel Snack (Fertiggericht) | 4 rohe Nürnberger Würste**

1 | Möhren waschen, schälen und grob raspeln. Inhalt der verschweißten Snack-Päckchen mit der angegebenen Menge Wasser aufkochen lassen. Möhren hinzufügen und nochmal aufkochen lassen.

2 | Das Brät aus den Würsten in die Brühe drücken, ziehen lassen, bis die garen Klößchen oben schwimmen. Zum Schluss die Nudeln in der Brühe garen.

Tomatenreis

FÜR 4 PERSONEN

➤ **1 Zwiebel | 1 Knoblauchzehe | 2 EL Öl 300 g gem. Hackfleisch | 250 g parboiled Reis | 3 Dosen stückige Tomaten (à 400 g) | Salz | Pfeffer**

1 | Zwiebel und Knoblauch schälen und würfeln. 2 EL Öl im Topf erhitzen. Zwiebel und Knoblauch anbraten, Hack krümelig braten. Reis zugeben und glasig werden lassen. Den Tomatensaft aus den Dosen angießen, aufkochen lassen und den Reis bei schwacher Hitze garen. Tomaten unterheben. Mit Salz und Pfeffer abschmecken.

Klassiker | gelingt leicht

Sauce alla bolognese

FÜR 4 PERSONEN

- 1 große Zwiebel
- 3 Knoblauchzehen
- 100 g Möhre
- 100 g Knollensellerie
- 3 EL Öl
- 300 g Rinderhackfleisch
- 1 EL Mehl
- 1 große Dose Tomaten (800 g)
- 100 ml Rotwein (ersatzweise Wasser)
- 1 Bund Basilikum
- Salz | Pfeffer

Zubereitung: 45 Min.

➤ Pro Portion etwa: 290 kcal

1 | Die Zwiebel und den Knoblauch schälen und fein würfeln. Die Möhre und den Sellerie waschen, schälen und ebenfalls in Würfel schneiden.

2 | Das Öl erhitzen und das Fleisch darin kräftig anbraten. Gemüse dazugeben und bei mittlerer Hitze einige Min. weiterschmoren. Alles mit dem Mehl bestäuben.

3 | Mit den Tomaten aus der Dose und dem Rotwein ablöschen. Mit Salz und Pfeffer abschmecken Die Sauce in 30 Min. dicklich einkochen lassen. Das Basilikum waschen, trockenschütteln, grob hacken und die letzten 10 Min. zur Sauce geben.

➤ Beilage: Nudeln oder Pfannkuchen

➤ Getränk: Rotwein

crossover | fürs Büffet

Grüner Lammsugo

FÜR 4 PERSONEN

- 1 Ei
- 200 g Lammragout
- 3 Stangen Lauch (etwa 500 g)
- 1 Bund Basilikum
- 1 Bund Petersilie
- 1 Knoblauchzehe
- 2 EL Olivenöl
- 1/8 l Weißwein (ersatzweise Brühe)
- 100 ml Gemüsebrühe
- Salz | Pfeffer

Zubereitung: 45 Min.

➤ Pro Portion etwa: 170 kcal

1 | Das Ei hart kochen, dann abschrecken. Inzwischen Fleisch durch den Fleischwolf fein zerkleinern (Seite 5). Lauch putzen, längs aufschneiden und gründlich waschen, in Ringe schneiden.

2 | Basilikum und Petersilie waschen, Blättchen abzupfen und fein pürieren.

3 | Knoblauch schälen und fein hacken. Öl in einem Topf erhitzen, Fleisch darin unter Rühren anbraten. Mit Lauch und Knoblauch weiterbraten, bis sich alles bräunlich färbt. Mit Salz und Pfeffer würzen und mit Wein ablöschen. Zugedeckt 15 Min. schmoren.

4 | Das Ei pellen und zerkleinern. In die eingekochte Sauce Ei und Kräuterpüree geben. Nach Wunsch mit Gemüsebrühe verdünnen, mit Salz und Pfeffer abschmecken.

➤ Beilage: Spaghetti

➤ Getränk: Weißwein

im Bild vorne: **Grüner Lammsugo** *im Bild hinten:* **Sauce alla bolognese** ➤

Klassiker auf neue Art | preiswert

Königsberger Klopse

FÜR 4 PERSONEN

- 30 g Kapern
  1 Ei
  500 g Mett
  100 g Magerquark
  1 Prise Muskatnuss
  1 Stange Lauch (etwa 200 g)
  2 EL Butterschmalz
  200 ml Fleischbrühe (Instant)
  100 ml trockener Weißwein (nach Belieben)
  20 g Mehl
  Salz | Pfeffer

Zubereitung: 40 Min
- Pro Portion etwa: 550 kcal

1 | Die Hälfte der Kapern mit dem Ei pürieren. Das Mett mit der Kapern-Ei-Mischung und dem Quark zu einem glatten Teig verkneten. Mit Salz, Pfeffer, Muskat würzen und zu kleinen Bällchen formen.

2 | Den Lauch putzen, längs halbieren und gründlich waschen. Etwa 5 cm vom grünen Ende sehr fein hacken, den Rest in breite Ringe schneiden. 1 EL Butterschmalz in einer Kasserolle erhitzen. Darin Klopse und Lauchringe rundherum leicht anbraten. Die Fleischbrühe und den Wein angießen. Alles aufkochen lassen und die Klopse bei schwacher Hitze 6–8 Min. gar ziehen lassen.

3 | Restliches Butterschmalz und Mehl verkneten. Die Klopse und das Gemüse aus der Brühe heben, das Butter-Mehl-Stück in die Brühe rühren, aufkochen lassen. Die Sauce 1 Min. durchkochen lassen. Restliche Kapern und gehackten Lauch untermischen und die Sauce mit Salz und Muskat abschmecken. Klopse in der Sauce servieren.

- Beilagen: Salzkartoffeln oder Butterreis und Salat

TIPP Wer will, kann die Sauce mit 1 EL Crème fraîche und etwas Zitronensaft abschmecken.

1 **Fleischteig zubereiten**
Zutaten für die Klopse vermengen

2 **Alles anbraten**
Gemüse und Klopse anbraten

3 **Sauce fertig stellen**
Mehl-Butter-Klößchen in den Fond rühren

orientalisch
für Festtage

Möhrencurry

FÜR 4 PERSONEN

- 2 Bund Möhren (etwa 600 g)
- 2 Bund Frühlingszwiebeln
- 1 Knoblauchzehe
- 1 Msp. Safranpulver
- 2 EL Butterschmalz
- 1/8 l Portwein (ersatzweise Apfelsaft)
- 300 g Lammhackfleisch
- 1 TL Kreuzkümmel
- 125 g Sahne
- Salz

Zubereitung: 35 Min.

➤ Pro Portion etwa: 350 kcal

1 | Möhren waschen, schälen und kleinfingergroß schneiden. Zwiebeln waschen, putzen und das Weiße schräg in 3–4 cm breite Ringe teilen (Grün aufheben). Knoblauch schälen und fein würfeln. Safran in 1 EL heißem Wasser auflösen.

2 | 1 EL Butterschmalz erhitzen, Möhren darin 5 Min. anbraten. Zwiebelringe und Portwein dazugeben. Salzen und fast gar dünsten; herausnehmen und beiseite stellen. Fleisch unter Rühren im übrigen Fett krümelig braten, Safran und Kreuzkümmel dazugeben.

3 | Ist das Fleisch kräftig braun, Gemüse, Fond, Sahne und Zwiebelgrün hinzufügen und 3 Min. bei schwacher Hitze ziehen lassen. Nochmal abschmecken.

➤ Beilage: Reis

orientalisch | fruchtig

Kürbiscreme mit Klößchen

FÜR 4 PERSONEN

- 1 kg Kürbis
- 1 Bund Frühlingszwiebeln
- 2 EL Kürbiskernöl
- 1 EL Rohrzucker
- 1/8 l Cidre (ersatzweise Apfelsaft)
- 20 g Kürbiskerne
- etwa 5 cm Ingwer
- 1 Eigelb
- 250 g Schweinehackfleisch
- Öl zum Braten
- 2 EL Crème fraîche
- Salz | Pfeffer

Zubereitung: 50 Min

➤ Pro Portion etwa: 265 kcal

1 | Den Kürbis schälen, Inneres mit Kernen entfernen. Kürbisfleisch in grobe Streifen schneiden. Zwiebeln waschen, putzen und in Röllchen schneiden. In einer großen Pfanne das Öl erhitzen, Kürbis und Zwiebeln bis auf 2 EL darin unter Rühren braten. Mit Salz, Pfeffer und Zucker würzen.

2 | Wenn der Kürbis gar und leicht karamellisiert, aber noch fest ist, mit Cidre pürieren.

3 | Kürbiskerne in einer beschichteten Pfanne rösten, bis sie duften. Abkühlen lassen und grob hacken. Ingwer schälen und fein reiben. Mit Kürbiskernen, restlichen Zwiebelringen, Eigelb, Fleisch, Pfeffer und Salz zu einem Teig verkneten. Etwa 20 Klößchen formen, in der Pfanne mit etwas Öl bei mittlerer Hitze rundum goldgelb braten.

4 | Die Sauce mit Crème fraîche abschmecken und die Klößchen einlegen.

im Bild vorne: Möhrencurry *im Bild hinten:* Kürbiscreme mit Klößchen ➤

Spezialität aus Mexiko

Chili con carne

FÜR 4 PERSONEN

- **300 g Möhren**
- **2 Zwiebeln**
- **1 Knoblauchzehe**
- **1 getrocknete rote Chilischote**
- **1 EL Butterschmalz**
- **200 g gem. Hackfleisch**
- **1/4 l Tomatensaft**
- **1/4 l kräftige Brühe (Instant)**
- **Chilipulver**
- **2 Dosen Kidneybohnen (à 410 g)**
- **Salz | Pfeffer**

Zubereitung: 1 Std.

- Pro Portion etwa: 375 kcal

1 | Möhren waschen, putzen und mittelfein raspeln. Zwiebeln schälen und fein würfeln. Knoblauch schälen und pressen. Chili zerdrücken.

2 | Butterschmalz erhitzen, Zwiebeln und Knoblauch darin dünsten. Fleisch dazugeben, salzen, pfeffern und Farbe annehmen lassen. Möhren und Chili kurz mitbraten. Tomatensaft und Gemüsebrühe angießen, aufkochen lassen. Mit Salz, Pfeffer und Chili abschmecken, zugedeckt bei schwacher Hitze etwa 30 Min. garen.

3 | Bohnen abgießen, abspülen und zum Eintopf geben, noch 15 Min. garen.

- Variante: Eher europäisch wird das Chili mit 1 Klecks Schmand pro Portion.
- Beilage: Baguette und Salat
- Getränk: kräftiger Wein oder Bier

gelingt leicht

Kohlrabigemüse

FÜR 4 PERSONEN

- **3 große Kohlrabi**
- **1 Zwiebel**
- **1 EL Butterschmalz**
- **400 g Rinderhackfleisch**
- **1 EL Mehl**
- **300 ml Gemüsebrühe**
- **75 g Sahne**
- **Salz | Pfeffer**

Zubereitung: 40 Min.

- Pro Portion etwa: 360 kcal

1 | Kohlrabi waschen, die Blätter entfernen, zarte Triebe fein hacken. Knollen schälen und in dünne Scheiben schneiden (am besten mit dem Raspelwerk der Küchenmaschine). Zwiebel schälen und fein würfeln.

2 | Fett in einem Topf zerlassen, Zwiebel darin andünsten, Hackfleisch dazugeben. Bei starker Hitze kräftig anbraten, dabei salzen und pfeffern.

3 | Wenn das Fleisch gebräunt ist, Kohlrabi und die -blätter bei mittlerer Hitze mitdünsten. Mit Mehl bestäuben und mit Gemüsebrühe ablöschen. Das Ragout etwa 20 Min. garen. Zum Schluss Sahne unterrühren.

- Beilage: Salzkartoffeln
- Getränk: Radler oder Weinschorle

asiatisch | gelingt leicht

Gebratene Nudeln

FÜR 4 PERSONEN

- 2 Knoblauchzehen
- 1 walnussgroßes Stück Ingwer
- 250 g Möhren
- 400 g Pak-Choi (Asienladen, ersatzweise Chinakohl)
- 400 g Schweinehackfleisch
- 100 g Sojasprossen
- Sojasauce
- 250 g asiatische Eiernudeln
- Salz | Pfeffer
- Erdnussöl zum Braten

Zubereitung: 30 Min.

Pro Portion etwa: 435 kcal

1 | Knoblauch und Ingwer schälen und fein hacken. Möhren schälen und schräg in Scheiben schneiden. Pak-Choi waschen und in Streifen schneiden.

2 | Im Wok 2 EL Öl erhitzen, Knoblauch und Ingwer darin anbraten. Hackfleisch bei mittlerer Hitze krümelig braten, herausnehmen. Nacheinander Möhren, Pak-Choi und Sojasprossen anbraten, dabei eventuell noch Öl dazugeben. Gemüse herausnehmen und kräftig mit Salz, Pfeffer und Sojasauce würzen.

3 | Nudeln mit heißem Wasser übergießen und einige Minuten ziehen lassen. Abgießen und im Wok kräftig braten. Gemüse, Sojasprossen und Fleisch dazugeben. Gut umrühren und heiß werden lassen. Mit Sojasauce abschmecken.

herzhaft | preiswert

Kartoffelgulasch

FÜR 4 PERSONEN

- 1 kg mehlig kochende Kartoffeln
- 2 rote Paprikaschoten
- 1 große Zwiebel
- 250 g Sauerkraut
- einige Salbeiblätter
- 2 EL Butterschmalz
- 1 kleine Flasche Tomatensaft (330 ml)
- 100 ml kräftiger Rotwein (ersatzweise Tomatensaft)
- edelsüßes Paprikapulver
- 300 g Mett
- Salz | weißer Pfeffer

Zubereitung: 40 Min.

Pro Portion etwa: 510 kcal

1 | Kartoffeln waschen, schälen und in dicke Stifte schneiden. Paprika waschen, putzen und in schmale Streifen schneiden. Zwiebel schälen und in Ringe hobeln. Sauerkraut grob hacken. Salbeiblätter mit einer Schere streifig schneiden.

2 | Butterschmalz in einem großen Topf erhitzen, erst Salbei, dann Zwiebel darin anbraten. Kartoffeln, Paprika und Sauerkraut hineingeben und weiter braten, dabei kräftig würzen. Tomatensaft, Rotwein und 1/8 l Wasser angießen.

3 | Aus dem Mett Klößchen formen und aufs Gemüse setzen. Alles 15 Min. schmoren. Wenn die Kartoffeln gar sind, das Gulasch mit Salz und Pfeffer abschmecken.

im Bild vorne: Gebratene Nudeln *im Bild hinten:* Kartoffelgulasch

Buletten, Klöpse und Braten

Hier gibt's Hackfleisch satt! Und wenn Sie Ihren Bedarf an Frikadellen gedeckt haben, probieren Sie ja vielleicht mal Burger der anderen Art. Ganz bunt wird der Hackmix im Gemüse. Und kolossal als Braten mit Pilz oder als Kranz mit Auberginen.

31 Hackfleischtortilla
31 Wraps
32 Frikadellen
32 Asia-Burger
34 Putenpuffer
34 Feta-Köfte
36 Kartoffel-Finger
36 Pilzhackbraten
39 Wirsingpäckchen
40 Gefüllte Paprikaschoten
40 Gefüllte Tomaten
43 Auberginen-Hackfleisch-Kranz

Blitzrezepte

Hackfleischtortilla

FÜR 4 PERSONEN

➤ 2 Eier | 100 g saure Sahne | 1 TL getrockneter Oregano | 3 kleine Tomaten 1 EL Olivenöl | 300 g Rinderhackfleisch 75 g Blauschimmelkäse | Salz | Pfeffer

1 | Eier mit saurer Sahne verquirlen, kräftig mit Salz und Pfeffer würzen. Tomaten waschen und ohne Stielansätze in Scheiben schneiden.

2 | Olivenöl in einer Pfanne erhitzen. Hackfleisch darin krümelig braten. Eier darüber gießen. Tomaten und Blue Cheese in Flöckchen darauf geben. Bei schwacher Hitze stocken lassen, bis der Käse geschmolzen ist.

Wraps

FÜR 4 STÜCK

➤ 1 EL Öl | 300 g Lammhackfleisch 1 Paprikaschote | 1/4 Endiviensalat 100 g grüne entsteinte Oliven | 4 Tortillas (Fertigprodukt) | 4 EL Aivar (Glas) Salz | Cayennepfeffer

1 | Öl in einer Pfanne erhitzen. Fleisch darin krümelig braten. Mit Salz und Cayennepfeffer pikant abschmecken.

2 | Paprika und Salat waschen und putzen. Paprika klein, Salat in feine Streifen schneiden. Paprika, Oliven und Salat mischen. Fladen mit Aivar bestreichen. Hackfleisch und Gemüse in die Mitte geben und die Fladen aufrollen.

Klassiker auf neue Art

Frikadellen

FÜR 4 PERSONEN

- **1 altbackenes Brötchen**
- **75 ml trockener Wermut (ersatzweise Apfelsaft)**
- **1 Zwiebel**
- **400 g gem. Hackfleisch**
- **1 Ei**
- **2 EL gehackte Petersilie**
- **gemahlener Piment und Nelken**
- **100 g Buchweizen**
- **Salz | Pfeffer**
- **Öl oder Butterschmalz zum Ausbacken**

Zubereitung: 30 Min.

- Pro Portion etwa: 505 kcal

1 | Das Brötchen in Wermut einweichen, dann ausdrücken. Zwiebel schälen und würfeln. Hackfleisch, Zwiebel, Ei, Petersilie und Brötchen vermengen. Mit Salz, Pfeffer, Piment und Nelken würzen.

2 | Fleischteig mit nassen Händen zu 8 Frikadellen formen. Den Buchweizen auf einen Teller geben und die Frikadellen darin wälzen.

3 | Fett in einer Pfanne erhitzen. Die Frikadellen darin bei mittlerer Hitze von beiden Seiten braun braten.

- Beilagen: Salat, Kartoffeln, Nudeln oder frische Brötchen und einer der Dipps von Seite 15
- Getränk: Hier passt wirklich jedes Getränk

asiatisch
zum Mitnehmen

Asia-Burger

FÜR 4 PERSONEN

- **2 Frühlingszwiebeln**
- **25 g Ingwer**
- **2 Möhren (etwa 200 g)**
- **1 Scheibe Toastbrot**
- **400 g Putenfilet**
- **1 Ei**
- **3 EL Sesamöl**
- **einige Blätter Pak-Choi (Asienladen, ersatzweise Chinakohl)**
- **4 Weizenvollkornbrötchen**
- **chinesische Sweet & Sour-Sauce**
- **Salz | schwarzer Pfeffer**
- **Backpapier für das Blech**

Zubereitung: 30 Min.

- Pro Portion etwa: 350 kcal

1 | Den Backofen auf 220° vorheizen. Backblech mit Backpapier auslegen. Gemüse waschen. 1 1/2 Frühlingszwiebeln in sehr feine Ringe schneiden. Ingwer schälen. 1 1/2 Möhren und Ingwer im Blitzhacker hacken. Toastbrot in Wasser einweichen, dann ausdrücken. Fleisch fein zerkleinern (Seite 5), mit Ei, Toast, Zwiebelringen und Ingwer zu einem Teig verarbeiten. Mit 1 EL Öl, 1 TL Salz und Pfeffer abschmecken.

2 | Für die Garnitur den Rest Zwiebeln und Möhren in feine Streifen schneiden. Pak-Choi waschen und die Blätter in Brötchenformat zupfen.

3 | Mit nassen Händen aus dem Teig 8 Burger formen und auf das Backblech legen. Burger mit Öl einpinseln und im Backofen (Mitte, Umluft 200°) 20–25 Min. garen. Nach 10 Min. die Burger wenden.

4 | Brötchen aufschneiden. Untere Hälfte mit Zwiebelstreifen, Burger, chinesischer Sauce und Gemüse belegen. Obere Brötchenhälfte aufsetzen. Mit einem Spieß fixieren.

im Bild vorne: **Frikadellen** *im Bild hinten:* **Asia-Burger**

orientalisch

Putenpuffer

FÜR 4 PERSONEN

- 200 g Putenfleisch
- 500 g Bundmöhren
- 2 Stängel Zitronengras (ersatzweise 1/2 TL Zitronengraspulver)
- 2 Knoblauchzehen
- 4 EL feine Haferflocken
- 2 Eier
- Sojasauce
- 1 Bund Koriandergrün
- 150 g saure Sahne
- Salz | Pfeffer
- Butterschmalz zum Braten

Zubereitung: 40 Min.

➤ Pro Portion etwa: 215 kcal

1 | Putenfleisch fein zerkleinern (Seite 5). Die Arbeitsgeräte danach sehr gründlich reinigen.

2 | Möhren waschen, putzen und schälen, auf der feinen Gemüsereibe raspeln. Zitronengras waschen, in feine Scheiben schneiden. Knoblauch schälen und fein würfeln. Fleisch mit Möhrenraspeln, Zitronengras, der Hälfte Knoblauch, Haferflocken und Eiern vermengen. Mit Sojasauce, Pfeffer und Salz abschmecken.

3 | Koriander waschen, die Blättchen fein hacken. Saure Sahne glattrühren und mit Koriander, Salz, Pfeffer und restlichem Knoblauch würzen.

4 | In einer beschichteten Pfanne Fett erhitzen. Je 1 EL Puffermasse darin bei mittlerer Hitze von beiden Seiten goldbraun braten. Mit der Koriandersahne servieren.

Spezialität aus der Türkei

Feta-Köfte

FÜR 4 PERSONEN

- 1 altbackenes Roggenbrötchen
- 150 g Feta
- 1/2 Bund Koriandergrün (ersatzweise glatte Petersilie)
- 1 kleiner Zucchino
- 1 kleine gelbe Spitzpaprikaschote
- 250 g Rinderhackfleisch
- 200 g Lammhackfleisch
- 2 Eier
- 1 Msp. Zimtpulver
- Salz | Pfeffer

Zubereitung: 30 Min.

➤ Pro Portion etwa: 355 kcal

1 | Brötchen grob zerteilen und in Wasser einweichen. Feta etwa 1 cm groß würfeln. Koriandergrün waschen, die Blättchen fein hacken. Zucchino waschen, putzen und fein raspeln. Paprikaschote waschen, putzen und fein hacken.

2 | Brötchen ausdrücken und mit Fleisch, Eiern, Zucchino, Paprika und Koriandergrün verkneten, mit den Gewürzen abschmecken. Aus dem Teig kleine Klößchen formen, dabei jeweils 1 Fetawürfel in die Mitte geben. Die Köfte (am besten in einer Alugrillschale) von allen Seiten grillen.

TIPP

Sie können die Köfte auch in einer geölten Auflaufform unter dem Backofengrill garen, dabei einmal wenden.

im Bild vorne: Putenpuffer *im Bild hinten:* Feta-Köfte ➤

preiswert

Kartoffel-Finger

FÜR 4 PERSONEN

- 1 Zwiebel
- 2 Kartoffeln (etwa 300 g)
- 2 Knoblauchzehen
- 400 g gem. Hackfleisch
- 1 Ei (Größe X)
- 2 TL Majoran
- 1 EL grüner Pfeffer
- Salz | Pfeffer
- Mehl zum Wenden
- Fett zum Braten

Zubereitung: 30 Min.
Pro Portion etwa: 330 kcal

1 | Die Zwiebel, den Knoblauch und die Kartoffeln schälen und mit der Küchenmaschine mittelfein raspeln. Mit Hackfleisch, Ei, Majoran, grünem Pfeffer, Salz und Pfeffer zu einem geschmeidigen Teig verkneten. Den Teig zu fingerdicken länglichen Rollen formen und diese in Mehl wenden.

2 | Fett in einer beschichteten Pfanne erhitzen und die Kartoffel-Finger darin bei mittlerer Hitze rundum knusprig braten.

gelingt leicht | herzhaft

Pilzhackbraten

FÜR 4 PERSONEN

- 250 g Champignons
- 2 altbackene Brötchen
- 1/4 l kräftiger Rotwein (ersatzweise 175 ml Tomatensaft)
- 1 Zwiebel
- 400 g Rinderhackfleisch
- 1 Ei
- 2 EL Butterschmalz
- 150 ml Rinderbrühe (Instant)
- 1 EL Mehl
- 50 g Sahne
- Salz | weißer Pfeffer

Zubereitung: 1 Std.
Marinierzeit: 2 Std.
Pro Portion etwa: 490 kcal

1 | Pilze putzen. 100 g zur Seite legen; Rest fein hacken, mit 1 TL Salz bestreuen, mit einem Tuch abdecken und 2 Std. ziehen lassen.

2 | Brötchen würfeln und in 75 ml Rotwein und 150 ml warmem Wasser (oder nur Wasser) einweichen. Zwiebel schälen und fein würfeln. Pilze ausdrücken, das Wasser auffangen. Hackfleisch, Pilzmus, Ei, ausgedrücktes Brötchen, Zwiebel, Salz und Pfeffer zu einem Teig verarbeiten. Daraus 2 Braten formen.

3 | Restliche Pilze putzen und feinblättrig schneiden. Butterschmalz in einem breiten Topf erhitzen und die Braten darin von allen Seiten anbraten. Zum Schluss Pilze mitbraten. Rotwein mit Brühe und Pilzwasser mischen und die Hälfte zu den Braten gießen. Zugedeckt bei mittlerer Hitze 15 Min. garen, dabei hin und wieder wenden. Bei Bedarf Rotweinmischung dazugießen.

4 | Die Braten herausheben, kurz ruhen lassen, in Scheiben schneiden und warm stellen. Restliche Rotweinmischung zum Bratenfond gießen, aufkochen lassen. Mehl in Sahne anrühren und einrühren. Nochmals aufkochen lassen und abschmecken.

im Bild vorne: **Kartoffel-Finger** *im Bild hinten:* **Pilzhackbraten** ➤

macht was her

Wirsingpäckchen

FÜR 4 PERSONEN

- **1 mittelgroßer Wirsing**
  1 altbackenes Brötchen
  1 Zwiebel
  350 g Kalbfleisch aus dem Nacken
  2 Eier
  3 EL mildes Aivar (Glas, ersatzweise Tomatenmark)
  2 EL Öl
  1/2 l kräftiger Rotwein (ersatzweise Wirsing-Kochwasser)
  Salz | Pfeffer

Zubereitung: 1 Std.

- Pro Portion etwa: 350 kcal

1 | In einem großen Topf Salzwasser zum Kochen bringen. Wirsing putzen. 8–12 große Blätter abnehmen und flach schneiden. Im kochenden Wasser etwa 4 Min. blanchieren, herausnehmen. Restlichen Wirsing klein schneiden und in etwa 7 Min. halb gar kochen, dann in einem Sieb abtropfen lassen. Die Brühe aufheben.

2 | Brötchen in Wasser einweichen. Zwiebel schälen und achteln. Fleisch fein zerkleinern (Seite 5). Fleisch mit 3 EL Wirsing (Rest als Beilage verwenden), ausgedrücktem Brötchen, Eiern, 2 EL Aiwar, Salz und Pfeffer mischen.

3 | Wirsingblätter ausbreiten. Eventuell 2 Blätter aufeinander legen. Je 2–3 gehäufte EL Fleischteig darauf geben. Jedes Blatt seitlich einschlagen, zu einem Päckchen falten, mit Küchengarn festbinden.

4 | In einem Bräter Öl erhitzen und Päckchen darin von allen Seiten kräftig anbraten. Zwiebel mitbraten. Mit Rotwein und 1/8 l Wirsingbrühe ablöschen. Die Päckchen zugedeckt bei mittlerer Hitze 20 Min. schmoren. Restliches Aivar zugeben, salzen und pfeffern, noch 10 Min. schmoren.

- Beilage: Kartoffeln oder Kartoffelpüree
- Getränk: Rotwein

1 **Wirsing vorbereiten**
Wirsingblätter flach schneiden

2 **Wirsing blanchieren**
Die vorbereiteten Blätter in Salzwasser kochen

3 **Päckchen herstellen**
Wirsingpäckchen falten und zubinden

4 **Päckchen garen**
Päckchen mit Wein und Brühe schmoren

mediterran

Gefüllte Paprikaschoten

FÜR 4 PERSONEN

- 8 rote Paprikaschoten
  400 g frischer Spinat
  1 kleine Zwiebel
  3 Knoblauchzehen
  2 TL Olivenöl
  200 g Bratwurstbrät
  2 EL gehackte Pistazien
  Salz | Pfeffer

Zubereitung: 1 Std.

- Pro Portion etwa: 265 kcal

1 | Paprika waschen, seitlich aufschneiden, Stiele, Kerne und Trennhäute entfernen. Spinat verlesen, waschen, nass in einer beschichteten Pfanne bei mittlerer Hitze zusammenfallen lassen und grob hacken. Zwiebel und Knoblauch schälen und fein würfeln.

2 | Olivenöl erhitzen, Zwiebel und Knoblauch darin glasig dünsten und Spinat dazugeben. Mit Salz und Pfeffer würzen, etwas abkühlen lassen. Brät mit Spinat und Pistazien gut mischen. In die Schoten füllen und diese 4 Min. grillen (am besten auf einer Grillschale oder unter dem Backofengrill), dabei ab und zu wenden.

- Beilage: Folienkartoffeln oder Langkornreis

crossover | preiswert

Gefüllte Tomaten

FÜR 4 PERSONEN

- 12 Flaschentomaten
  1 1/2 Scheiben Pumpernickel
  2 Zwiebeln
  1 Bund glatte Petersilie
  50 g roher Schinken
  250 g gem. Hackfleisch
  1 Ei
  Worcestersauce
  2 EL Butterschmalz
  1/8 l Rotwein (ersatzweise Brühe)
  Salz | Pfeffer

Zubereitung: 50 Min.

- Pro Portion etwa: 380 kcal

1 | Tomaten waschen, die oberen Kappen mit dem Blütenansatz abschneiden. Die Tomaten aushöhlen, Inneres und Kappen hacken und beiseite legen.

2 | Pumpernickel fein zerbröseln. Zwiebeln schälen und fein würfeln. Petersilie waschen und fein hacken. Schinken sehr fein schneiden. Fleisch mit Schinken, Petersilie, 2 EL Zwiebeln, Pumpernickel, Ei, 1/2 TL Salz, Pfeffer und Worcestersauce gut verkneten. Diese Masse in die Tomaten drücken.

3 | Butterschmalz in einem Schmortopf erhitzen, Tomaten hineinsetzen und mit restlicher Zwiebel anbraten. Tomatenfleisch und Wein dazugeben, leicht salzen und pfeffern. Zugedeckt bei mittlerer Hitze 20 Min. schmoren.

4 | Tomaten herausheben, warm stellen. Fond etwas einkochen lassen, eventuell nochmals würzen.

- Beilage: Reis oder Nudeln
- Getränk: Rotwein

im Bild vorne: **Gefüllte Tomaten** *im Bild hinten:* **Gefüllte Paprikaschoten** ➤

für Gourmets | macht was her

Auberginen-Hackfleisch-Kranz

FÜR 4 PERSONEN

- 200 g Bulgur
- 2 EL Zitronensaft
- 400 g Auberginen
- 4 EL Olivenöl
- 3 Zwiebeln
- 400 g Lammhackfleisch
- 1 Ei | 40 g Sesamsamen
- 400 g Zucchini
- 400 g Flaschentomaten
- Salz | Pfeffer
- Fett für die Form

Zubereitung: 40 Min.
Backzeit: 30 Min.
Pro Portion etwa: 510 kcal

1 | Bulgur anrösten, dann 400 ml heißes Wasser, 1 TL Salz und Zitronensaft dazugießen und 30 Min. neben dem Herd ziehen lassen.

2 | Auberginen waschen, putzen, längs schälen (Schalen aufheben) und quer in 1 cm dicke Scheiben schneiden. Ein Backblech mit 2 EL Öl fetten, Auberginen darauf legen und im Öl wenden, leicht salzen. Unter dem Backofengrill von beiden Seiten in 8 Min. braun grillen. Den Backofen auf 200° stellen.

3 | Zwiebeln schälen. 1 Zwiebel fein würfeln, die anderen in Spalten schneiden. Zwiebelwürfel zum Bulgur geben, mit Fleisch, Ei, Salz und Pfeffer verkneten. Eine Ringform fetten. Auberginenschalen hineinlegen, die Zwischenräume mit Sesam ausstreuen. Den Fleischteig in die Form drücken und im Backofen (Mitte, Umluft 180°) etwa 45 Min. backen.

4 | Inzwischen Zucchini und Tomaten waschen, putzen und in Scheiben oder Spalten schneiden. Mit Zwiebelspalten in 2 EL Öl anbraten, salzen, pfeffern. Zugedeckt 15 Min. schmoren, Auberginen klein schneiden und dazugeben.

5 | Den Hackfleischkranz stürzen. Gemüse abschmecken und im Kranz anrichten.

1 **Bulgur zubereiten**
Bulgur trocken rösten, Wasser angießen und garen

2 **Auberginen schälen**
Einen Sparschäler oder ein spitzes Messer verwenden

3 **Form auslegen**
Die Auberginenschalen mit Abstand in die Form legen

4 **Teig hineinfüllen**
Den Fleischteig behutsam in die Form drücken

Aufläufe und pikantes Gebäck

Hier läuft das Hackfleisch zur Hochform auf: Als Auflauf oder überbacken wird es einfach unschlagbar, raffiniert das pikante Kleingebäck. Und Nostalgiker finden den Partyhit: Hackbraten in Blätterteig...

45 Gefüllte Croissants
45 Mini-Muffins
46 Frühlingsrollen
46 Piroschki
48 Gefüllte Zucchini
48 Brokkoli-Nudel-Auflauf
51 Pfannkuchenturm
52 Hackfleischwähe
52 Lasagne
54 Gefüllter Kürbis
56 Krautauflauf
56 Spinat im Filoteig
58 Hackfleischpastete
58 Hackfleischkuchen vom Blech

Blitzrezepte

Gefüllte Croissants

FÜR 12 STÜCK

- **250 g Schweinehackfleisch**
  1 Bd. Petersilie | 75 ml Ketchup
  2 Pck. Croissantteig (Kühlregal)
  1 Eigelb | Salz | Pfeffer | Backpapier für das Blech

1 | Backofen auf 200° vorheizen. Backblech mit Backpapier auslegen. Fleisch in einer beschichteten Pfanne ohne Fett krümelig braten. Petersilie hacken, mit Ketchup, Salz und Pfeffer unterrühren.

2 | Teig in je 6 Dreiecke teilen, auf jedes 1 EL Füllung setzen. Zu Croissants rollen, auf das Blech setzen, mit Eigelb bestreichen und im Backofen (Mitte, Umluft 200°) in 12–15 Min. braun backen.

Mini-Muffins

FÜR 24 STÜCK

- **1 altbackenes Brötchen | 50 g Cornichons | 50 g Silberzwiebeln**
  2 EL Olivenöl | 1 Ei | 350 g gemischtes Hackfleisch | 75 g gehackte Walnüsse
  1 TL Senf | Salz | Cayennepfeffer
  24 Mini-Papierbackförmchen

1 | Backofen auf 200° vorheizen. Mini-Muffins-Form mit Papierförmchen auslegen. Brötchen in Wasser einweichen. Cornichons und Silberzwiebeln fein hacken. Brötchen ausdrücken und mit allen Zutaten zu einem pikanten Teig verkneten.

2 | Teig in die Förmchen füllen, im Backofen (Mitte, Umluft 180°) 15 Min. backen.

für Gäste | exotisch

Frühlingsrollen

FÜR 24 STÜCK

- **2 Frühlingszwiebeln**
- **200 g Möhren**
- **100 g Sojasprossen**
- **2 Kaffirblätter**
- **2 EL Sesamöl**
- **100 g gem. Hackfleisch**
- **Sojasauce**
- **24 Blatt Reispapier (etwa 15 cm ø)**
- **etwa 100 g Kokosfett**

Zubereitung: 45 Min.
Pro Stück etwa: 55 kcal

1 | Gemüse, Sprossen und Kaffirblätter waschen. Frühlingszwiebeln putzen und in feine Ringe, Möhren schälen und in feine Streifen schneiden. Sojasprossen hacken.

2 | Öl in einer großen Pfanne erhitzen, Gemüse, Kaffirblätter und Hackfleisch darin unter ständigem Rühren etwa 3 Min. braten. Mit 1–2 EL Sojasauce abschmecken, Blätter entfernen.

3 | Reispapierblätter einzeln kurz in kaltes Wasser tauchen, auf ein Küchentuch legen und etwa 2 EL Füllung darauf verteilen. Nun die untere und eine seitliche Kante einschlagen, dann die Rolle schließen. Restliche Blätter genauso füllen.

4 | Kokosfett erhitzen und Röllchen darin partieweise goldbraun braten.

gut vorzubereiten

Piroschki

FÜR ETWA 10 STÜCK

- **250 g Mehl**
- **125 g kalte Butter**
- **1 kleine Zwiebel**
- **etwa 100 g Rote Bete**
- **100 g Weißkraut**
- **1 TL Schweineschmalz**
- **100 g Schweinehackfleisch**
- **rosenscharfes Paprikapulver**
- **75 g saure Sahne**
- **Salz | schwarzer Pfeffer**
- **Mehl zum Ausrollen**
- **Backpapier für das Blech**
- **Milch zum Bestreichen**

Zubereitung: 1 Std.
Backzeit: 30 Min.
Pro Stück etwa: 105 kcal

1 | Mehl, Butter in Stückchen, Salz, 3–4 EL Eiswasser zu einem festen Teig verkneten, im Kühlschrank ruhen lassen.

2 | Zwiebel schälen und in dünne Ringe schneiden. Rote Bete schälen und mittelfein raspeln. Kraut putzen und in feine Streifen hobeln.

3 | Schmalz erhitzen, Zwiebel darin glasig dünsten, Fleisch, rote Bete und Kraut bei mittlerer Hitze mitbraten. Mit Paprika, Salz und Pfeffer abschmecken und saure Sahne untermischen.

4 | Backofen auf 200° vorheizen. Blech mit Backpapier belegen. Den Teig auf einer bemehlten Fläche knapp 1/2 cm dick ausrollen und etwa 10 cm große Quadrate ausradeln. Auf jedes 1 EL Füllung setzen und den Teig diagonal darüber schlagen. Auf das Blech setzen und mit Milch bestreichen.

5 | Piroschki im Backofen (Mitte, Umluft 180°) in etwa 30 Min. goldbraun backen. Nach 20 Min. nochmals mit Milch einpinseln.

im Bild vorne: **Frühlingsrollen** *im Bild hinten:* **Piroschki** ➤

gut vorzubereiten

Gefüllte Zucchini

FÜR 4 PERSONEN

- 100 g getrocknete Aprikosen
- 150 g Wildreis
- 400 ml Gemüsebrühe
- 1 Zwiebel
- 50 g Walnusskerne
- 1 EL Butter oder Margarine
- 200 g Rinderhackfleisch
- 1/2 TL Thymian
- 800 g Zucchini (möglichst 1 großer Zucchino)
- 250 g Mozzarella
- Salz | Pfeffer

Zubereitung: 1 Std. 10 Min.

➤ Pro Portion etwa: 605 kcal

1 | Aprikosen klein würfeln, mit Wildreis und Gemüsebrühe aufkochen und bei mittlerer Hitze etwa 40 Min. quellen lassen.

2 | Inzwischen Zwiebel schälen und fein würfeln. Nüsse hacken. Fett erhitzen, Zwiebel und Nüsse darin anbraten. Fleisch, Salz, Pfeffer und Thymian dazugeben und knusprig braun braten.

3 | Backofen auf 200° vorheizen. Zucchino waschen, längs halbieren und die Kerne mit einem Löffel herausheben. Reis mit Fleisch mischen und in die Zucchinihälften füllen. Mozzarella in dünne Scheiben schneiden und darauf legen. Zucchino auf das Blech legen und im Backofen (unten, Umluft 180°) etwa 20 Min. überbacken. Das fertige Gericht mit Pfeffer übermahlen.

➤ Beilage: Gemischter Salat

➤ Getränk: Weißwein

kinderleicht

Brokkoli-Nudel-Auflauf

FÜR 4 PERSONEN

- 1 Brokkoli (etwa 700 g)
- 1 Scheibe Toastbrot
- 250 g gem. Hackfleisch
- 1 Ei
- 250 g Penne
- 400 ml dünne Fleischbrühe
- 150 g Sahne
- 150 g Käse, frisch gerieben
- Muskatnuss
- Salz | Pfeffer
- Fett für die Form

Zubereitung: 1 Std. 5 Min.

➤ Pro Portion etwa: 705 kcal

1 | Brokkoli putzen, waschen und in Röschen teilen. Strunk in Stücke schneiden. Toastbrot in wenig Wasser einweichen, dann ausdrücken. Hackfleisch mit Ei, Toast, Salz und Pfeffer mischen, zu walnussgroßen Klößchen formen.

2 | Den Backofen auf 180° vorheizen. Eine Auflaufform fetten. Nudeln, Brokkoli und Fleischklößchen darin verteilen. Brühe mit Sahne und Käse verrühren und mit Salz, Pfeffer und Muskat abschmecken, über den Auflauf gießen. Im Backofen (Mitte, Umluft 160°) in 55 Min. goldbraun backen.

➤ Variante: Statt Nudeln können Sie auch 500 g Kartoffeln in Scheiben schneiden. Dann wie die Nudeln weiterverarbeiten.

➤ Getränk: Weinschorle

im Bild vorne: **Gefüllte Zucchini** *im Bild hinten:* **Brokkoli-Nudel-Auflauf** ➤

macht was her | gut vorzubereiten

Pfannkuchen-Turm

FÜR 4 PERSONEN

- 3 Eier
  200 g Mehl
  1/4 l Milch
  800 g Blattspinat
  300 g gem. Hackfleisch
  1 Knoblauchzehe
  600 g Tomaten
  150 g Cheddar, frisch gerieben
  Salz | Pfeffer
  Öl zum Braten

Zubereitung: 1 Std.
- Pro Portion etwa: 670 kcal

1 | Die Eier mit dem Mehl, der Milch und 1 TL Salz mit dem Schneebesen gründlich verrühren. Den Teig 20 Min. quellen lassen.

2 | Inzwischen den Spinat waschen, verlesen und ganz grob hacken. 1 TL Öl in einer beschichteten Pfanne erhitzen und darin das Fleisch anbraten. Knoblauch schälen und dazupressen. Spinat dazugeben und zugedeckt zusammenfallen lassen. Salzen und pfeffern.

3 | Tomaten waschen, mit kochend heißem Wasser überbrühen, kurz ziehen lassen, kalt abschrecken und schälen. Fruchtfleisch ohne Stielansätze und Kerne grob hacken.

4 | Backofen auf 180° vorheizen. Pfannkuchenteig vor dem Backen mit 1 Schuss Mineralwasser oder Wasser auflockern. In einer kleinen Pfanne dünne Pfannkuchen in wenig Öl backen.

5 | Auf den ersten Pfannkuchen etwas Spinat-Hackfleisch-Mischung verteilen, mit Tomatenstückchen belegen und mit Käse bestreuen. Den nächsten Pfannkuchen darauf legen und so den Turm schichten. Mit dem letzten Pfannkuchen, Tomaten, etwas Spinat und Käse abschließen. Den Turm für 15 Min. in den Backofen (unten, Umluft 160°) schieben.

- Beilage: Salat

1 **Füllung zubereiten**

Fleisch anbraten, Spinat dazugeben und zusammenfallen lassen

2 **Pfannkuchen backen**

In einer beschichteten Pfanne dünne Pfannkuchen backen

3 **Turm schichten**

Pfannkuchen, Fleischmasse, Tomaten und Käse übereinander schichten

crossover

Hackfleischwähe

FÜR 1 PIE-FORM (28 CM Ø)

- **300 g TK-Blätterteig**
- **2 EL Semmelbrösel**
- **250 g gem. Hackfleisch**
- **2 Stangen Lauch**
- **200 g kleine Tomaten**
- **1 Bund Basilikum**
- **3 Eier**
- **150 g Kräuterfrischkäse**
- **200 g Magerquark**
- **Salz | Pfeffer**
- **Fett und Mehl für die Form**

Zubereitung: 45 Min.
Pro Portion etwa: 690 kcal

1 | Blätterteig auftauen. Platten übereinander legen und in Größe der Form ausrollen. Die Form fetten und bemehlen, mit dem Teig auslegen, Semmelbrösel darauf streuen. Fleisch darauf verteilen. Backofen auf 200° vorheizen.

2 | Lauch putzen, waschen und in breite Ringe schneiden. Tomaten waschen und halbieren. Basilikum waschen und hacken.

3 | Eier trennen. Frischkäse mit Quark und Eigelben gut verrühren, mit Salz, Pfeffer und Basilikum pikant abschmecken. Eiweiße steif schlagen und unterziehen. Die Masse auf dem Hackfleisch verteilen. Tomaten mit der Wölbung nach oben und Lauchringe in den Käse-Schaum drücken. Die Wähe im Backofen (Mitte, Umluft 180°) etwa 35 Min. backen.

Klassiker | herzhaft

Lasagne

FÜR 4 PERSONEN

- **3 Eier**
- **1 Zwiebel**
- **2 EL Butter**
- **300 g gem. Hackfleisch**
- **2 TL Kräuter der Provence**
- **1 große Dose Tomaten (800 g)**
- **40 g Mehl**
- **1/2 l Milch**
- **150 g Parmesan, frisch gerieben**
- **250 g Lasagneblätter (ohne Vorkochen)**
- **Salz | Pfeffer**

Vorbereitung: 30 Min.
Backzeit: 45 Min.
Pro Portion etwa: 820 kcal

1 | Eier hart kochen, dann kalt abschrecken. Zwiebel schälen und würfeln. 1 EL Butter erhitzen und Hackfleisch darin kräftig anbraten. Zwiebel mitbraten. Salz, Pfeffer, Kräuter und Tomaten samt Saft hinzufügen und unter Rühren etwa 10 Min. köcheln lassen.

2 | Den Backofen auf 180° vorheizen. Restliche Butter in einem hohen Topf zerlassen, Mehl einrühren. Vom Herd nehmen und die Milch unterrühren. Die Béchamelsauce unter Rühren etwa 15 Min. köcheln lassen. Zwei Drittel des Käses unterrühren. Mit Salz und Pfeffer kräftig würzen.

3 | Eier pellen und in Scheiben schneiden. Sauce mit Ragout mischen und mit Lasagneblättern und Eischeiben in die Form schichten. Mit Sauce abschließen. Restlichen Käse darauf streuen. Im Backofen (Mitte, Umluft 160°) in etwa 45 Min. goldbraun backen.

im Bild vorne: **Hackfleischwähe** *im Bild hinten:* **Lasagne**

gut vorzubereiten | für Gäste

Gefüllter Kürbis

FÜR 4 PERSONEN

- 1 kleiner Markkürbis (etwa 2,5 kg)
  1/2 altbackenes Brötchen
  3 Bund Frühlingszwiebeln
  je 1 rote und grüne Paprikaschote
  2 EL Olivenöl
  25 g grüne Kürbiskerne
  75 g Schafkäse
  400 g gem. Hackfleisch
  1 Ei
  Salz | Pfeffer

Vorbereitung: 45 Min.
Zubereitung: 2 Std.
- Pro Portion etwa: 595 kcal

1 | Den Kürbis waschen, einen Deckel abschneiden. Kerne und Fasern aus dem Inneren herausnehmen. Den ausgehöhlten Kürbis von innen mit Salz ausreiben.

2 | Das Brötchen in heißem Wasser einweichen. Alles Gemüse waschen und putzen. Frühlingszwiebeln in Ringe, Paprika in kleine Würfel schneiden.

3 | Das Öl in einer Pfanne erhitzen, Kürbiskerne darin braten, bis sie duften. Paprikawürfel kurz mitbraten, dann abkühlen lassen. Schafkäse in 1 cm große Würfel teilen.

4 | Brötchen ausdrücken, mit Fleisch, Ei, Salz und Pfeffer zu einer glatten Masse verkneten. Zwiebelringe und Paprikawürfel dazugeben.

5 | Den Backofen auf 220° vorheizen. Die Flüssigkeit aus dem Kürbis abgießen und den Kürbis innen trockentupfen. Erneut mit Salz und Pfeffer kräftig würzen. Kürbis mit Fleischmasse füllen. Den Kürbisdeckel auflegen und den Kürbis auf dem Backblech in den Ofen schieben. Im Backofen (unten, Umluft 200°) etwa 2 Std. backen.

6 | Den fertigen Kürbis mit Deckel auftragen, zum Aufschneiden den Deckel abheben. Den Kürbis vorsichtig halbieren, die Hälften dann in Portionen schneiden.

- Beilage: saure Sahne und Baguette
- Getränk: Fruchtiger Weißherbst oder Neuer Süßer

TIPP

Die gängigen gelben Markkürbisse ziehen schnell Wasser: Packen Sie sie zum Backen in extra starke Alufolie, blanke Seite nach innen. Bei kleinen, glattschaligen Kürbissen ist das überflüssig.

Spezialität aus Siebenbürgen

Krautauflauf

FÜR 4 PERSONEN

- 120 g Reis
- 2 Tomaten
- 1 EL Schmalz
- 300 g Schweinehackfleisch
- Paprikapulver
- 500 g mildes Sauerkraut
- 200 g saure Sahne
- 125 ml Gemüsebrühe
- Salz | Pfeffer

Zubereitung: 50 Min.
Pro Portion etwa: 310 kcal

1 | Reis mit 200 ml Wasser und 1 Prise Salz 10 Min. kochen lassen, dann abgießen. Tomaten waschen und würfeln.

2 | Den Backofen auf 180° vorheizen. In einer Pfanne 1 EL Fett zerlassen, Fleisch darin kräftig anbraten. Mit Salz, Pfeffer und Paprikapulver würzen.

3 | Die Hälfte des Sauerkrauts und der Tomaten in eine Auflaufform geben. Hackfleisch und Reis darauf schichten. Mit restlichem Kraut und Tomaten bedecken. Saure Sahne und Brühe mischen, darüber gießen. Im Backofen (Mitte, Umluft 160°) 35 Min. garen.

raffiniert | orientalisch

Spinat im Filoteig

FÜR 4 PERSONEN

- 1 kg frischer Spinat (ersatzweise 450 g TK-Blattspinat)
- 1 Knoblauchzehe
- 1 Zwiebel
- 4 EL Butterschmalz
- 150 g Lammhackfleisch
- 125 g Quark
- 75 g Feta | 1 Ei
- 1 Filoteig (im türkischen oder griechischen Lebensmittelladen; ersatzweise Blätterteig)
- Salz | schwarzer Pfeffer
- Mehl zum Ausrollen
- Backpapier für das Blech

Zubereitung: 1 Std. 20 Min.
Pro Portion etwa: 580 kcal

1 | Salzwasser zum Kochen bringen. Spinat waschen, putzen und darin blanchieren, sehr gut abtropfen lassen, dann ausdrücken. Spinat mit Salz, Pfeffer würzen. Knoblauch schälen und dazupressen.

2 | Backofen auf 200° vorheizen. Ein Backblech mit Backpapier auslegen. Zwiebel schälen und fein hacken. 1 EL Butterschmalz erhitzen, Zwiebel darin glasig dünsten, Hackfleisch krümelig braten. Mit Salz und Pfeffer würzen. Quark mit Feta und Ei pürieren, mit dem Fleisch mischen.

3 | Restliches Butterschmalz zerlassen. Teig auf ein leicht bemehltes Küchentuch legen und dünn mit Fett bestreichen. Spinat darauf verteilen, dabei an den Seiten etwas frei lassen. Fleischmasse auf dem Spinat verteilen.

4 | Den Strudel mit Hilfe des Tuches längs aufrollen, auf das Blech setzen (Nahtstelle nach unten) und mit restlichem Fett einpinseln. Im Backofen (Mitte, Umluft 180°) in etwa 35 Min. goldbraun backen.

im Bild vorne: Spinat im Filoteig *im Bild hinten:* Krautauflauf ➤

für Gäste | herzhaft

Hackfleisch-pastete

FÜR 6 PERSONEN

- ➤ **450 g TK-Blätterteig**
- **2 x Grundteig (Seite 6)**
- **je 120 g entsteinte grüne und schwarze Oliven**
- **2 Eigelbe**
- **1 Schuss Sahne**
- **Mehl zum Ausrollen**
- **Backpapier für das Blech**

◷ Zubereitung: 30 Min.
◷ Backzeit: 1 Std.
➤ Pro Portion etwa: 810 kcal

1 | Blätterteig auftauen lassen. Backofen auf 180° vorheizen. Backblech mit Backpapier auslegen. Blätterteig auf einer bemehlten Fläche dünn ausrollen. Grundteig mit Oliven mischen und zu einem Braten formen. Auf eine Seite des Blätterteigs setzen und mit der anderen Hälfte vollständig bedecken. Überstehenden Teig abschneiden, die Seiten mit Wasser zukleben. Pastete auf das Blech setzen.

2 | Aus den Teigresten Formen ausschneiden oder ausstechen. Mit Wasser bepinseln und auf die Pastete setzen. Eigelbe mit Sahne verrühren und auf die Pastete pinseln. Im Backofen (Mitte, Umluft 160°) etwa 1 Std. garen.

gelingt leicht | preiswert

Hackfleischkuchen vom Blech

FÜR 1 KLEINES BLECH (30 CM X 25 CM)

- ➤ **1 Laugenbrötchen**
- **1 Aubergine**
- **2 rote Paprikaschoten**
- **1 Gemüsezwiebel**
- **2 Knoblauchzehen**
- **200 g Maiskörner (Dose)**
- **500 g gem. Hackfleisch**
- **150 g Kräuterfrischkäse**
- **2 Eier**
- **75 g Parmesan, frisch gerieben**
- **1 TL Thymian**
- **Salz**
- **Olivenöl für das Blech**

◷ Zubereitung: 50 Min.
➤ Pro Portion etwa: 200 kcal

1 | Brötchen halbieren und in Wasser einweichen. Aubergine waschen, putzen, längs vierteln und in etwa 1/2 cm dicke Scheiben schneiden. Diese mit Salz bestreuen und 10 Min. ziehen lassen; das entstandene Wasser abgießen. Paprika waschen und putzen. Eine in kleine Würfel, die zweite in Streifen schneiden. Zwiebel schälen und in Ringe schneiden. Knoblauch schälen und durch eine Presse drücken. Mais gut abtropfen lassen.

2 | Den Backofen auf 220° vorheizen. Ein tiefes Backblech mit Öl einpinseln. Hackfleisch mit Frischkäse, Eiern, ausgedrücktem Brötchen, Parmesan, Salz, Thymian und der Hälfte vom Gemüse verkneten.

3 | Die Masse in der Form glatt streichen. Restliches Gemüse darauf verteilen und eindrücken. Den Kuchen im Backofen (Mitte, Umluft 200°) etwa 30 Min. backen. Warm oder kalt servieren.

➤ Beilage: Salat
➤ Getränk: kräftiger Rotwein

im Bild vorne: **Hackfleischpastete** *im Bild hinten:* **Hackfleischkuchen vom Blech** ➤

Zum Gebrauch

Damit Sie Rezepte mit bestimmten Zutaten noch schneller finden können, stehen in diesem Register zusätzlich auch beliebte Zutaten wie Möhren – ebenfalls alphabetisch geordnet und halbfett gedruckt – über den entsprechenden Rezepten.

A

Aprikosen: Gefüllte Zucchini 48
Asia-Burger 32
Asia-Nudelsuppe 19
Auberginen
  Auberginen-Crostini 10
  Auberginen-Hackfleisch-Kranz 43
  Hackfleischkuchen vom Blech 58
Aufbewahrung 4

B

Blätterteig
Hackfleischpastete 58
Hackfleischwähe 52
Blitzhacker 5
Bohnen, grüne: Tacos mit grünen Bohnen 15
Bratwurstbrät
  Asia-Nudelsuppe 19
  Gefüllte Paprikaschoten 40
Brokkoli-Nudel-Auflauf 48
Buchweizen: Frikadellen 32
Bulgur: Auberginen-Hackfleisch-Kranz 43

C

Cheddar: Pfannkuchen-Turm 51
Chili con carne 27
Couscous
  Couscous-Salat 16
  Fleischbällchen 15
Croissants: Gefüllte Croissants 45
Crostini
  Auberginen-Crostini 10
  Pilz-Crostini 10

F

Feta
  Feta-Köfte 34
  Spinat im Filoteig 56
Filoteig: Spinat im Filoteig 56
Fleischbällchen 15
Fleischwolf 5
Frikadellen 32
Frischkäse
  Hackfleischkuchen vom Blech 58
  Hackfleischwähe 52
Frittata: Zucchinifrittata 12
Frühlingsrollen 46
Frühlingszwiebeln: Gefüllter Kürbis 54

G

Gartenhappen 9
Gebratene Nudeln 28
Gefüllte Croissants 45
Gefüllte Paprikaschoten 40
Gefüllte Tomaten 40
Gefüllte Zucchini 48
Gefüllter Kürbis 54
Gorgonzola: Kräuterdipp 15
Grüner Lammsugo 20

H

Hackfleisch selber machen 5
Hackfleischkuchen vom Blech 58
Hackfleischpastete 58
Hackfleischteig (Grundrezept) 6
Hackfleischtortilla 31
Hackfleischwähe 52
Haltbarkeit 4

K

Kalbfleisch: Wirsingpäckchen 39
Kartoffel-Finger 36
Kartoffelgulasch 28
Ketchup 15
Kidneybohnen: Chili con carne 27
Kohlrabigemüse 27
Königsberger Klopse 23
Krautauflauf 56
Kräuterdipp 15
Kürbis
  Gefüllter Kürbis 54
  Kürbiscreme mit Klößchen 24

L

Lammfleisch
  Auberginen-Hackfleisch-Kranz 43
  Feta-Köfte 34
  Grüner Lammsugo 20
  Möhrencurry 24
  Spinat im Filoteig 56
  Tomaten mit Lamm 12
  Wraps 31
Lasagne 52
Lauch
  Grüner Lammsugo 20
  Hackfleischwähe 52
  Königsberger Klopse 23
Linsen-Curry-Dipp (Variante) 15

M

Mais: Hackfleischkuchen vom Blech 58
Mett
  Kartoffelgulasch 28
  Königsberger Klopse 23

Zucchinifrittata 12
Warenkunde 4
Mini-Muffins 45
Möhren
Asia-Burger 32
Chili con carne 27
Frühlingsrollen 46
Gebratene Nudeln 28
Möhrencurry 24
Putenpuffer 34
Mozzarella: Gefüllte Zucchini 48
Muffins: Mini-Muffins 45

N

Nudeln, asiatische: Gebratene Nudeln 28
Nudeln
Brokkoli-Nudel-Auflauf 48
Lasagne 52

O

Oliven
Hackfleischpastete 58
Wraps 31

P

Pak-Choi: Gebratene Nudeln 28
Paprikaschoten
Couscous-Salat 16
Feta-Köfte 34
Gefüllte Paprikaschoten 40
Gefüllter Kürbis 54
Hackfleischkuchen vom Blech 58
Kartoffelgulasch 28
Ketchup 15
Wraps 31
Parmesan
Hackfleischkuchen vom Blech 58
Lasagne 52
Pastete: Hackfleischpastete 58
Pfannkuchen-Turm 51
Pilze
Pilz-Crostini 10
Pilzhackbraten 36
Tartar-Pilze 9
Piroshki 46
Putenfleisch
Asia-Burger 32
Putenpuffer 34

Q

Quark
Hackfleischwähe 52
Königsberger Klopse 23
Spinat im Filoteig 56

R

Reis
Krautauflauf 56
Tomatenreis 19
Reispapier: Frühlingsrollen 46
Resteverwertung 7
Rinderhackfleisch 4
Rote Bete: Piroshki 46

S

Sauce alla bolognese 20
Sauerkraut
Kartoffelgulasch 28
Krautauflauf 56
Schafkäse: Gefüllter Kürbis 54
Sellerie: Sauce alla bolognese 20
Sojasprossen
Frühlingsrollen 46
Gebratene Nudeln 28
Spinat
Gefüllte Paprikaschoten 40
Pfannkuchen-Turm 51
Spinat im Filoteig 56

T

Tacos mit grünen Bohnen 15
Tatar
Tartar-Pilze 9
Warenkunde 4
Tomaten
Auberginen-Hackfleisch-Kranz 43
Gefüllte Tomaten 40
Hackfleischtortilla 31
Hackfleischwähe 52
Ketchup 15
Lasagne 52
Pfannkuchen-Turm 51
Sauce alla bolognese 20
Tomaten mit Lamm 12
Tomatenreis 19
Tomatensaft
Chili con carne 27
Kartoffelgulasch 28
Tortilla: Hackfleischtortilla 31

W

Weißkraut: Piroshki 46
Wildreis: Gefüllte Zucchini 48
Wirsingpäckchen 39
Wraps 31

Z

Zitronengras
Frühlingsrollen 46
Putenpuffer 34
Zucchini
Auberginen-Hackfleisch-Kranz 43
Feta-Köfte 34
Gefüllte Zucchini 48
Zucchinifrittata 12
Zwiebeln: Auberginen-Hack-fleisch-Kranz 43

Die Autorin

Dagmar v. Cramm ist Ernährungswissenschaftlerin und Mutter von drei Kindern. Seit vielen Jahren betreut sie für die Zeitschrift Eltern die Kochseiten. In zahlreichen Büchern widmet sie sich den Themen Ernährung und Gesundheit, vor allem in der Familie. Sie gewann zweimal den Journalistenpreis der Deutschen Gesellschaft für Ernährung und ist heute Mitglied des Präsidiums. Frau v. Cramm ist außerdem regelmäßig im SWR als Spezialistin für Ernährungsfragen im Fernsehen zu sehen.

Der Fotograf

Michael Boyny hat nach abgeschlossenem Studium und verschiedenen Assistenzen1992 in München sein eigenes Fotostudio gegründet. Seinen Schwerpunkt hat er auf Reise- und Foodfotografie gelegt und arbeitet für Zeitschriften- und Buchverlage. Immer wieder lassen sich so beide Hauptaspekte seiner Arbeit reizvoll verbinden.

Hinweis

Die Temperaturstufen bei Gasherden variieren von Hersteller zu Hersteller. Welche Stufe Ihres Herdes der jeweils angegebenen Temperatur entspricht, entnehmen Sie bitte der Gebrauchsanweisung.

Bildnachweis

FoodPhotographie Eising, Martina Görlach: Titelfoto
Stockfood: S. 4, 5
Alle anderen: Michael Boyny, München

Redaktionsleitung:
Birgit Rademacker
Redaktion:
Stefanie Poziombka
Lektorat:
Adelheid Schmidt-Thomé
Korrektorat: Mischa Gallé
Satz: Verlagssatz Lingner
Layout, Typografie und Umschlaggestaltung:
Independent Medien Design, München
Herstellung:
Helmut Giersberg
Reproduktion:
Repro Schmidt, Dornbirn
Druck und Bindung:
Druckhaus Kaufmann, Lahr

ISBN 3-7742-4906-7

Auflage	5.	4.	3.	2.	1.
Jahr	2006	05	04	03	02

Das Original mit Garantie

Ihre Meinung ist uns wichtig. Deshalb möchten wir Ihre Kritik, gerne aber auch Ihr Lob erfahren. Um als führender Ratgeberverlag für Sie noch besser zu werden. Darum: Schreiben Sie uns! Wir freuen uns auf Ihre Post und wünschen Ihnen viel Spaß mit Ihrem GU-Ratgeber.

Unsere Garantie: Sollte ein GU-Ratgeber einmal einen Fehler enthalten, schicken Sie uns das Buch mit einem kleinen Hinweis und der Quittung innerhalb von sechs Monaten nach dem Kauf zurück. Wir tauschen Ihnen den GU-Ratgeber gegen einen anderen zum gleichen oder ähnlichen Thema um.

Ihr Gräfe und Unzer Verlag
Redaktion Kochen
Postfach 86 03 25
81630 München
Fax: 089/41981-113
e-mail: leserservice@graefe-und-unzer.de

GU KÜCHENRATGEBER

Neue Rezepte für den großen Kochspaß

ISBN 3-7742-4893-1

ISBN 3-7742-4881-8

ISBN 3-7742-4884-2

ISBN 3-7742-4879-6

ISBN 3-7742-4885-0

ISBN 3-7742-4896-6

Das macht die GU Küchenratgeber zu etwas Besonderem:

- *Rezepte mit maximal 10 Hauptzutaten*
- *Blitzrezepte in jedem Kapitel*
- *alle Rezepte getestet*
- *Geling-Garantie durch die 10 GU-Erfolgstipps*

GU

Gutgemacht. Gutgelaunt.

FRISCHE

- Hackfleisch muss immer am selben Tag bzw. innerhalb von 12 Std. verarbeitet werden
- Hackfleisch immer im Kühlschrank aufbewahren
- Hackfleisch gut durchgaren, auch beim Aufwärmen

1

Geling-Garantie für Hackfleisch

TEIG KNETEN

- Das können Sie mit den Knethaken der Küchenmaschine, bis er homogen ist
- Mit nassen Händen geht's besser – und schneller

4

WENN DER TEIG ZU DÜNN IST

- Lassen Sie ihn 15 Min. nachquellen
- dann, wenn nötig, mit ein wenig Semmelbröseln, Getreideflocken oder Instant-Püree verkneten

7

HACKTEIG FORMEN

- immer mit nassen Händen
- oder mit Löffel oder Eisportionierer (Bällchen), der zuvor ins Wasser getaucht wird

8